UNE

TRIPLE ALLIANCE

CONTRE

L'ANGLETERRE, L'ISLAMISME ET LA RÉVOLUTION

UNE

TRIPLE ALLIANCE

CONTRE

L'ANGLETERRE, L'ISLAMISME ET LA RÉVOLUTION

PAR

LE PRINCE HENRY DE VALORI

« Je sais que l'Angleterre verrait se ranger
« sous sa bannière tous les mécontents et
« tous les esprits inquiets du siècle, tous les
« hommes qui, justement ou injustement,
« ne sont pas satisfaits de la condition ac-
« tuelle de leur patrie. »

(*Paroles de* CANNING, *prononcées au Parlement, en 1823.*)

PARIS

E. DENTU, LIBRAIRE-ÉDITEUR

PALAIS-ROYAL, 13, GALERIE D'ORLÉANS

1860

Tous droits réservés

UNE

TRIPLE ALLIANCE

--------o✠o--------

Au moment où la question italienne se complique de plus en plus et que, dans un infâme complot, lord Palmerston et le pacha de Damas conspirent avec Mazzini, Garibaldi et les Druses contre les deux plus augustes dynasties de l'univers, celle du Pape à Rome, celle des Bourbons à Naples, la question d'Orient va surgir à son tour : cela se voit, cela se sent! et il n'y a pas en Europe un homme d'État sérieux qui puisse en douter. Elle doit surgir, parce que indépendamment des événements qui l'engageront fatalement, deux puissances ont intérêt à la soulever ; l'une au nom du Christianisme et de la civilisation, la France ; l'autre, au nom de sa politique héréditaire, la Russie. Elle est donc inévitable, et le *statu quò* est plus menacé à l'heure qu'il est que lorsqu'il y a un an les armées françaises passaient le Mont-Cenis pour épargner au Piémont les corrections de l'Autriche. Les cabinets de l'Europe firent alors tous leurs efforts pour arranger diplomatiquement le différend qui s'était élevé entre Vienne et Turin ; tout fut inutile car la guerre était décrétée depuis longtemps. Aujourd'hui, l'Europe, justement effrayée par le spectacle que lui offre l'infortunée Italie, cherche à conjurer l'orage. A Tœplitz, l'Autriche et la Prusse se sont entendues, dit-on, pour maintenir si faire se peut l'intégrité de l'Empire ottoman. Toutes ces tentatives seront frappées d'impuissance, parce que, d'un côté, il y a la Turquie, moribonde, fanatique, et, de l'autre, l'Angleterre mettant la civilisation au service de la barbarie et plus menaçante encore pour la paix du monde que les Garibaldiens, les Turcs et les Druses, qui ne sont que les rouages odieux d'une machine dont les moteurs sont à Londres.

En présence, donc, d'un événement qui aura une portée immense dans l'avenir et pour résultat immédiat la modification d'une partie de la carte d'Europe, il est opportun d'examiner dans quelle situation respective les unes vis-à-vis des autres les grandes puissances vont se trouver, et quelle est la position que leurs relations diplomatiques leur aura créée lorsque l'événement prévu arrivera.

Personne ne se dissimule, disons-nous, la commotion politique qui est imminente, et c'est pour cela que l'Allemagne effrayée veut maintenir à tout prix le *statu quo ;* car si la France et la Russie ont intérêt à la question d'Orient, par contre, l'Angleterre, l'Autriche et avec elle l'Allemagne ont des intérêts opposés, et il est tout naturel qu'elles s'opposent à tout acte de nature à compliquer la situation politique de l'Orient. Le traité de Paris a sauvegardé l'indépendance de la Porte, et l'Allemagne se renferme dans les clauses dudit traité. Nul doute que la question soulevée ne puisse être la cause des plus grands malheurs. Le moment est mal choisi pour mettre l'Europe sous les armes lorsque la question italienne a mis la Papauté et toutes les royautés légitimes de la Péninsule en péril ; mais, quand on ne peut éviter un malheur, le plus sage est de s'y préparer, et par d'habiles combinaisons de chercher à tirer le meilleur parti possible de la position. En examinant de sang-froid la politique de l'Europe au commencement de ce siècle, celle qui a suivi dans ces derniers temps, n'y a-t-il pas moyen de réunir dans un même but et pour une cause commune, des intérêts qui semblent diverger et qui pourtant sont les mêmes ?

II.

L'Angleterre redoute l'intervention de l'Europe en Orient, et elle a raison ; car avec elle et la justice il n'y a pas de compromis possible. Par sa politique tissue de mensonges et d'iniquités, elle a amassé sur sa tête les haines du monde entier et travaillé un siècle et demi à promener dans toutes les mers un pavillon abhorré, annonçant aux peuples la corruption, la torture et l'esclavage. Mais, en même temps elle a laissé voir le défaut de la cuirasse, et la France, à laquelle les rodomontades britanniques n'ont jamais fait peur, a montré à l'Europe que l'Angleterre n'était pas si méchante qu'elle en avait l'air. Tremblante au milieu de son orgueil, habile cependant à tirer parti des circonstances et à se rendre utile au besoin, l'Angleterre, jusqu'à ces derniers temps, avait fini par persuader aux politiques de l'Europe qu'elle était indispensable à toute combinaison politique, et que la balance pesait toujours du côté où elle mettait son enjeu et ses conseils. Les malheurs de la France à la fin du premier Empire, les conquêtes de Napoléon Ier effrayant et détruisant les trônes et les nationalités, avaient amené l'Europe à se coaliser pour la défense de son territoire. L'Angleterre était alors maîtresse absolue des mers, grâce à Aboukir et à Trafalgar ; elle était déjà aussi passée maîtresse en fourberie ; la Russie, la Prusse, l'Autriche s'unirent à elle, et, au moyen de ses vaisseaux, on fit d'utiles diversions contre nous en Espagne et en Belgique. L'Angleterre avait aidé, elle proclama partout qu'elle avait sauvé. Wellington n'avait été que le frère d'armes de Blücher, au delà du détroit on déclara que c'était lui seul qui avait gagné la bataille de Waterloo , et on éleva à Mont-Saint-Jean un lion anglais qui nous regarde , mais qui ne nous épouvante pas. A force de le répéter l'Angleterre finit par le faire croire en Europe à tout le monde, excepté à nous et à Blücher.

Cette comédie dura quinze ans. Il est vrai que pendant cet intervalle de temps, la maison de Bourbon avait rétabli Ferdinand VII sur son trône et sauvé la Grèce sans le concours d'Albion ; mais ces deux expéditions ne portaient qu'indirectement atteinte à la puissance anglaise. Quelle fut la colère et la stupeur des Anglais lorsque le roi Charles X leur fit signifier purement et simplement, qu'il avait décidé qu'Alger serait à la France et que la chose se passerait ainsi avec ou sans leur consentement ! L'Angleterre se vengea à sa manière. Elle avait des agents en France, entre autres le duc d'Orléans, le descendant de ce régent qui avait rompu le *pacte de famille* et traité avec les Anglais ; elle contribua à la révolution qui donna le trône au fils d'Égalité, et pendant dix-huit ans, la France, gouvernée par la trahison et par un proconsul anglais, fut saturée d'opprobre et d'ignominies. Mais une nation comme la nôtre se souvient. 1854 est arrivé, l'Angleterre était à la veille de sa perte ; seule, elle n'aurait jamais pu soutenir une lutte avec la Russie, son empire dans la Méditerranée était perdu, la route des Indes compromise, et sur ces entrefaites la révolte des Cipayes allait éclater. Nous avons fait aux Anglais l'aumône de notre assistance, nous les avons secourus, nourris et sauvés ; nous avons réparé toutes les fautes que leur ineptie et leur ridicule orgueil leur a fait commettre, et, pendant un an la risée de l'Europe, ils ne sont entrés à Sébastopol que par la brèche pratiquée par l'armée française victorieuse. Aujourd'hui l'opinion doit être suffisamment éclairée. La France a réuni à son territoire la Savoie et Nice, malgré les protestations inutiles du cabinet anglais; malgré les mêmes protestations, elle a envoyé un corps expéditionnaire en Syrie. La France est décidée, qu'on le sache bien, à ne jamais permettre à l'Angleterre qu'elle se mêle de ses affaires. Le jour où toute l'Europe aura compris que l'Angleterre est l'ennemie la plus acharnée de la civilisation et de la liberté, que les Anglais qui se sont constitués les bourreaux des faibles, c'est-à-dire des Irlandais, des Maronites, des habitants de Corfou et des Indiens, ne sont pas si féroces devant les forts, la paix du monde sera assurée. Expliquons-nous.

III.

Nous avons dit que deux puissances, la France et la Russie, désirent soulever la question d'Orient, et que, par conséquent, l'Autriche et l'Angleterre s'y opposent. Pourquoi?

La France désire intervenir dans la question d'Orient, parce que : 1° elle est la protectrice naturelle du Christianisme en Orient et qu'elle ne peut laisser les populations chrétiennes du Levant sous le joug d'un peuple fanatique, hébété et sous l'empire d'un gouvernement impuissant à les défendre contre ses propres sujets; 2° parce qu'elle ne veut pas que l'Angleterre devienne souveraine absolue d'une mer où elle a déjà acquis par trahison Malte et Gibraltar; 3° parce qu'elle ne veut pas que l'on mette d'obstacle au percement de l'ithsme de Suez.

La Russie veut intervenir parce qu'elle ambitionne Constantinople et pour donner à sa marine des conditions d'existence satisfaisantes.

L'opposition de l'Autriche à ce projet est facile à comprendre : elle redoute la présence de la Russie à Constantinople, elle craint pour ses provinces danubiennes, et, bien que l'Angleterre, en s'opposant au percement de l'ithsme de Suez, enlève à la navigation du Danube son importance comme débouché commercial de l'Allemagne à la Méditerranée, de deux maux elle préfère le moindre. Quant à l'Angleterre, ses motifs sont en dehors de l'honnêteté et de l'équitable ; ils sont connus. Quelle sera donc la combinaison au moyen de laquelle on pourra rétablir l'équilibre au milieu de tous ces intérêts divergents? Cette combinaison, la seule capable d'assurer la paix à l'Europe, c'est une triple alliance entre la France, la Russie et l'Autriche en prévision de partage de l'Empire turc.

Cette triple alliance est tellement nécessaire, tellement indispensable, qu'aucune de ces trois puissances ne peut réussir, prise isolément, et que leur désaccord amènerait la guerre générale avant peu au profit de l'Angleterre, de la révolution et de l'islamisme. Rien de plus facile à démontrer.

IV.

Si la France s'allie à la Russie par un traité particulier et que l'Autriche soit exclue de ce traité, abandonnée à elle-même et craignant avec raison non-seulement pour ses possessions d'Italie, mais encore pour la Hongrie et ses possessions du côté du Danube, l'Autriche fera alliance avec l'Angleterre et entraînera avec elle la Prusse, qui ne voudra pas que son littoral soit dévasté par les vaisseaux anglais.

La France et la Russie sont-elles assez fortes pour tenir tête à la Confédération germanique liguée avec l'Angleterre,

qui conduit toujours avec elle la révolution ? Non. Ce sera
une conflagration générale, et, en fin de compte, une coalition à laquelle finira toujours par prendre part la Russie
lorsqu'elle verra qu'elle ne tire pas de son alliance avec la
France les avantages immédiats qu'elle croyait obtenir.
Que nous puissions tenir tête à cette coalition, cela est
une autre affaire ; mais notre but sera toujours manqué.
Car en nous alliant avec la Russie, nous le faisons dans le
dessein tout national de restreindre la puissance de l'Angleterre en lui opposant la puissance maritime de la Russie,
qui ne sera jamais assez redoutable pour nous faire om-
brage et qui le sera suffisamment pour que ses flottes com-
binées avec les nôtres puissent battre les Anglais sur mer
partout où on les rencontrera.

Voilà pour la France. Quant à la Russie, pour les mêmes raisons elle ne peut avoir Constantinople qu'en s'alliant avec l'Autriche et en lui offrant, sous les auspices de
la France, des compensations de nature à mettre cet empire à l'abri de toute invasion soudaine et qui puissent être
avantageuses à son commerce et à celui de l'Allemagne :
principalement en respectant le Danube, qui est et qui
doit être un fleuve allemand, ainsi que l'exigent les intérêts
commerciaux de toute l'Allemagne.

Maintenant, si l'Autriche repoussait une alliance propo-
sée sur de pareilles bases, elle ne trouverait plus en Europe
un libre penseur pour défendre sa politique. On comprend
qu'elle ne veuille pas être menacée sur les bords du Danube et sur ses frontières ; on comprend également qu'elle
veuille s'agrandir en proportion de l'agrandissement de
ses voisins : rien n'est plus juste comme rien ne serait
plus injuste et plus impolitique d'en agir autrement à l'é-
gard de cet empire dont le contre-poids nous est si nécessaire. Mais réciproquement si, refusant d'adopter ce
projet de triple alliance, l'Autriche se jetait, comme au dé-
but de ce siècle et sans raisons diplomatiques, dans le

camp de l'Angleterre, elle se retrouverait bientôt dans une position plus difficile qu'en 1859, et l'Angleterre serait encore là pour insister sur ce fatal principe de non intervention qui depuis un an démolit pierre par pierre l'édifice de l'influence autrichienne dans la Péninsule.

Plusieurs me feront observer qu'il y a encore une hypothèse à admettre, celle d'une quadruple alliance contre la France et de cette coalition dont j'ai parlé plus haut. Soit ; mais dans quel but ? pour étouffer la révolution ? Avant de l'étouffer en France, où elle voyage, il faudrait l'étouffer dans le pays où elle habite, dans cette Angleterre qui, au nom de la liberté, donne asile à tous les malfaiteurs politiques de l'Europe ; dans cette Angleterre qui solde les complices de Mazzini et de Garibaldi, qui excite toutes les mauvaises passions contre Rome, contre Naples et contre l'Autriche ; qui n'a pas été étrangère au soulèvement de la Pologne en 1830, lorsque le chevaleresque et magnanime empereur Nicolas allait accourir au secours de la monarchie de Charles X ; qui a trempé dans la révolution de Vienne en 1848 et a aidé au soulèvement de la Hongrie. Au surplus, qu'on n'oublie pas une chose, c'est que nous ne parlons pas tous les jours de fortifier nos côtes et de nous entourer de défenses formidables, comme l'intrépide Albion, qui frissonne de peur en apercevant le phare de Calais ; mais que nous ne redoutons pas les coalitions. Le patriotisme de la France, qui a grandi avec ses malheurs, n'a pas, je pense, diminué avec ses victoires.

Qu'on le sache bien en Europe, et que la voix d'un partisan de l'exil et du malheur donne encore plus de force à cette assertion toute française, le temps des coalitions contre la France est passé. Les cœurs les moins français qui furent jamais, les révolutionnaires, ont répandu ainsi jadis en Europe le bruit calomniateur qu'il y avait un parti qui appelait de tous ses vœux le secours des étrangers pour le rétablissement de la monarchie de son choix.

Mensonge ! Il y a quelques mois, un royal proscrit quittait l'Autriche en guerre avec la France, et chacun sait que sa devise est *tout pour la France et par la France.* Je sais bien que si la France, cette reine de la civilisation, est l'objet du respect de l'univers, elle est aussi l'objet de la haine et de l'envie. J'ai parcouru l'Allemagne, et j'ai vu des hommes aveuglés ne parlant de nous qu'avec terreur et jalousie et nous préférant les Anglais. Peu nous importe, nous n'avons de haine pour personne parce que nous ne redoutons ni ne jalousons personne. Nous désirons seulement que l'Europe sorte de son égarement, et qu'elle veuille bien comprendre que ce sont les Anglais qui ont enlevé Parme, Florence et Modène à leurs souverains légitimes ; que ce sont les Anglais qui ont enlevé les Légations au Pape ; que ce sont encore les Anglais qui ont envoyé Garibaldi en Sicile, qui l'ont payé, armé et débarqué ; qui l'enverront à Naples, à Rome et à Venise si l'Europe n'intervient pas.

V.

Placée hors de la sphère d'activité normale de la révolution italienne, la Russie, dans cette hypothèse d'une triple alliance, est appelée à jouer un beau rôle, rôle conforme aux traditions de sa politique héréditaire et aux principes qu'elle a nettement proclamés dans la célèbre circulaire du prince Gortschakoff. Elle ne relève que du bon droit et de la légitimité ; sa politique est toute tracée. Elle acceptera généreusement la main que l'Autriche lui tend, et, en rentrant en lui-même, le cabinet de Saint-Pétersbourg avouera que l'Autriche, en 1854, n'a pas été une ingrate, mais une sage politique. Si le grand empereur Nicolas était encore de ce monde et qu'on fît dans ce moment appel à sa loyauté et ses principes immuables sur la légitimité, il répondrait, s'il était interrogé, que l'Autriche, en signant un traité avec la Russie en 1854 au sujet de Constantinople, aurait signé son arrêt de mort. S'il y a eu des torts, ce n'est pas la première fois que la Russie sait les oublier. L'empereur Alexandre II n'oubliera pas les exemples mémorables de la grandeur d'âme de son oncle et de son père. Tous ceux qui aiment l'ordre et la vraie liberté ont en ce moment les yeux fixés sur la Russie, qui tient entre ses mains ou la paix ou la guerre. Voyez quel est son prestige et en même temps sa responsabilité : quelques remontrances ont déjà fait trembler le cabinet de Turin, et ses encouragements ont rendu la confiance et l'énergie au malheureux roi de Naples.

Pour l'accomplissement du grand œuvre de l'affranchissement des serfs, la Russie a besoin d'être forte en dedans comme en dehors. Elle se trouve à l'état d'une crise intérieure qui peut amener un jour les peuples à discuter les droits de leurs souverains ; il est donc plus que jamais nécessaire au czar d'embrasser une politique conservatrice et de se déclarer pour les principes qui, en mettant à l'abri la couronne de ses alliés, protégera la sienne contre les dangers de l'avenir.

VI.

La conclusion de ce que nous venons d'écrire, c'est que la France, en abordant la question d'Orient, va se trouver dans l'impérieuse nécessité de déclarer la guerre à l'Angleterre dans son propre intérêt, dans celui du Christianisme et de la civilisation, et que, dans leur intérêt particulier, la Russie et l'Autriche doivent être ses alliés. Le jour où la France déclarera la guerre à Albion, non-seulement la France se lèvera apportant tous ses enfants et tout son or ; mais les opprimés de l'univers applaudiront avec enthousiasme des Indes au Canada. L'Angleterre est en Europe ce que l'orléanisme fut en France, la révolution greffée sur l'esprit mercantile le plus avide.

Je n'ignore pas qu'au milieu des acclamations populaires des mécontents élèveront la voix. Quelques juifs et quelques maltôtiers se révolteront contre la gloire au nom de l'agiotage ; il restera à ces Messieurs la ressource de jouer à la baisse ; ce sera une consolation pour eux

L'heure de la Turquie est arrivée. Vouée à l'ignorance, à l'immobilité et à la mort, la race turque doit disparaître de l'Europe orientale (1). L'Angleterre s'est déclarée solidaire de la Turquie, elle partagera sa bonne ou mauvaise fortune. Elle a même plus de droits à l'indignation du monde; car elle, plus que la Porte, a été l'instigatrice des massacres de Damas et du Liban, et l'histoire prouvera qu'elle a payé les Druses en 1860 comme en 1844. Et quand même les Anglais ne seraient pas unis aux musulmans par une communauté de crimes, quand même ils n'auraient pas démérité de l'humanité tout entière, tous les peuples qui habitent le littoral de la Méditerranée ont intérêt à la déchéance de l'Angleterre dans cette mer.

Que Dieu donne donc au czar une de ces résolutions qui illustre un monarque et sauve les empires. Que la Russie s'unisse à l'Autriche, et que ces deux puissances, alliées à la France, opposent aux Anglais, aux musulmans, aux juifs et aux garibaldiens, une digue infranchissable. Que dans un commun et magnifique accord, l'Empire

---

(1) Nous recommandons au lecteur la brochure d'un de nos adversaires politiques, M. Alexandre Bonneau, intitulée : *Les Turcs et la Civilisation*. C'est un exposé courageux et complet de la situation hideuse dans laquelle se trouve la Turquie d'Europe.

turc soit partagé au profit de l'Europe continentale et au détriment de la barbare et sauvage Angleterre. Ce sera peut-être la solution de la question italienne. L'Angleterre, obligée d'envoyer ses flottes dans le Bosphore, ne pourra plus appuyer de ses vaisseaux les révolutionnaires italiens. La France, n'ayant plus alors à soutenir le principe de non-intervention, fera exécuter les clauses du traité de Zurich.

Telle est en résumé la question qui va être bientôt soulevée. Nous n'avons pas eu la prétention de traiter en quelques lignes la question d'Orient. D'ailleurs ce n'était pas le but que nous nous étions proposé : dans les éventualités d'une guerre prochaine, nous avons voulu exprimer notre pensée sur le rôle glorieux qui appartient de droit à la France; rien de plus.

Paris, imp. de L. TINTERLIN, rue Neuve-des-Bons-Enfants, 8.